# SOM
# DIFERE

Rafael Cruz-Contarini · Ilustrado por Maribel Suárez

EVEREST

## DIVERSIDAD

En este gran globo
que se llama Tierra
no hay dos seres vivos
que idénticos sean.
Hay flores celestes,
rosas y violetas,
y peces naranjas,
rojos y turquesas.
También las personas
muestran diferencias,
las hay de piel blanca,
también de piel negra,
y de piel cobriza,
y de piel morena,
de pelo ondulado,
con rizos o trenzas,

con ojos rasgados,
con nariz más recta...
Y siendo distinto,
ya seas como seas,
querrás, como todos,
que muchos te quieran.

Para ser grande,
para crecer,
para ser fuerte,
para querer,
abre tus ojos
y mira bien
quien está cerca
y no lo ves.

Abre tu mano,
coge la de él,
tira hacia arriba,
ponlo de pie.
Abre tu boca,
grítale bien:
"yo estoy contigo,
te ayudaré".

## EN CHINA

Los chinos no usan cuchillo
ni tampoco tenedor,
ellos comen con palillos
para tomarse el arroz.

Sus ojos no son redondos
para que no les dé el sol,
y su piel es amarilla,
como la piel de un limón.

En la China hay mucha gente,
por lo menos un millón,
y no juegan a los chinos
pero juegan al pimpón.

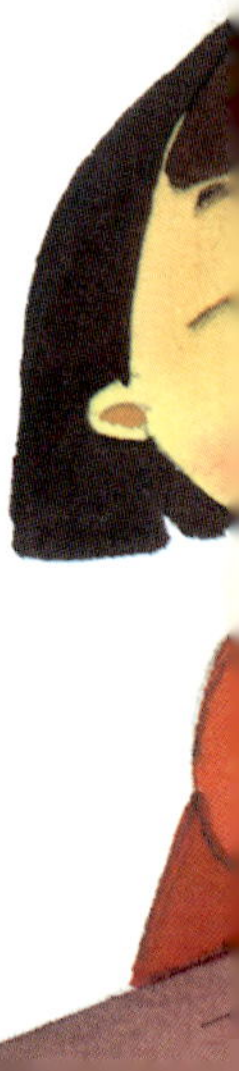

# SIN VER

Tú sin ver caminas,
yo viendo tropiezo,
tú sin ver te orientas,
yo mirando, ni eso.

Me miras, no ves,
pero estás atento,
fijándote bien
donde yo me encuentro.

A veces parece
que hay que estar muy ciego
para no mirar
lo que tú estás viendo.

# SOY GITANA

Soy gitana y vendo flores,
romero, faldas y telas.
También te vendo la luna
regalándote una estrella.

Soy gitana y bailaora,
tengo el compás en las venas,
tan jondo llevo el flamenco
que cuando canto me lleva.

Soy gitana y leo tu mano,
ahora sé lo que te espera.
Tengo sandunga y encanto.
Soy calé, de piel morena.

Soy gitana y trotamundos,
charlatana y hechicera.
Vivo según mis costumbres
a la luz de la candela.

Soy gitana y quiero ser
amiga de quien me quiera.
Si tú a tu casa me invitas
yo te invitaré a mi fiesta.

## IBRAHIM

Ibrahim es árabe,
vino de Marruecos,
un país de África
cercano al desierto.
A veces me habla
y yo no lo entiendo
y aquello que escribe
no puedo leerlo.
Le gusta el cuscús
y el pan con pimientos,
lo que nunca come
es carne de cerdo.
A veces sus padres
lo llevan al templo,
llamado mezquita,
un lugar de rezo.

Ibrahim, mi amigo,
está en mi colegio,
es muy divertido
y con él yo juego.

## CAMINAR SENTADO

Félix es un niño
un tanto especial,
juega al baloncesto
y lo hace genial.
También juega al tenis
y juega a pillar,
y es una figura
jugando al billar.
Le encanta la música,
el cine y pintar,
y salir al parque
conmigo a pasear.
Félix va sentado,
él no puede andar,
pero yo camino
y empujo detrás.

# BLANCO Y NEGRO

Yo opino, tú opinas,
no estamos de acuerdo,
pero este problema
hay que resolverlo.

Tú crees una cosa,
distinto yo pienso.
Tú dices que es blanco.
Yo digo que es negro.

Tu opinión me sirve,
mejor lo estoy viendo.
No existe el problema,
tú cedes, yo cedo.

## LA PRINCESA MUDITA

En el castillo de un reino
habitaba una princesa
que no oía ni hablaba
y era toda una belleza.
Su familia la adoraba,
y sobre todo la reina
que no paraba de hablarle
y hacer gestos frente a ella.
Un día llegó la madre
y le dijo que allá afuera
la estaba esperando un príncipe
que quería conocerla.
La princesa sonrió
y bajó las escaleras,
y aunque nunca pudo hablar
dijo sí con la cabeza.

Después de la boda fueron
muy felices, por más señas.

## UN SUEÑO

*Tengo un sueño...*
M. Luther King

Hoy he soñado.
Hoy he tenido un sueño.
Todos los niños del mundo
iban al colegio,
ya fueran rojos o blancos,
amarillos o negros,
y que todos,
diferentes por fuera
pero iguales por dentro,
eran felices y estaban
sanos y contentos.

Hoy he soñado.
Hoy he tenido un sueño.
Se acabaron las guerras,
los odios y los miedos,
y todo el mundo era
amable con el extranjero.
Que reinaba la paz
en un mundo diverso.
He soñado y ojalá
esto fuera más que un sueño.

# ESPAÑOL DE ESPAÑA Y DE AMÉRICA

Cuando "monto", yo "conduzco",
cuando tú "montas", "manejas",
los dos decimos lo mismo,
pero con distintas letras.

Lo importante no es si digo
"ahorita mismo" o "espera",
los dos decimos lo mismo
hablando en la misma lengua:
uno en español de España
y otro en español de América.

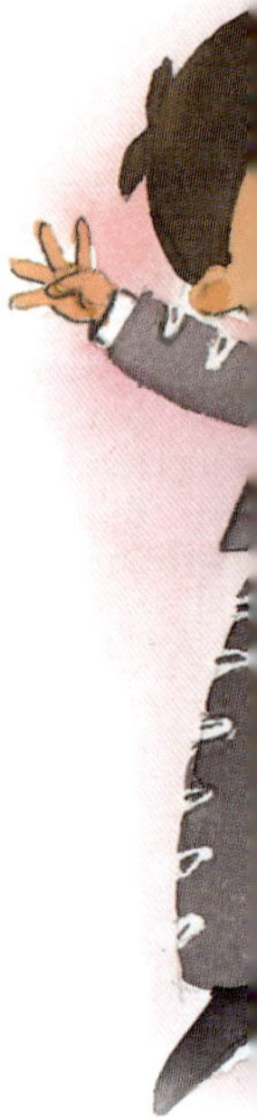